everyday.

エブリデイ

meigen

名言

ベスト100　なぞり書き帖

書けば心に染みこむ、
響きだす!

@everyday.meigen

東京新聞

はじめに

僕は様々な言葉でできています。
悩んでいるとき、落ち込んだとき、僕は今まで出会った言葉たちを思い返すようにしています。
自分の実際の体験に言葉を重ねることにより、そこから様々なことを学ぶことができます。
言葉は僕の一部であり、いつも生きるヒントをくれる大切な存在です。

そんな想いから、ふと今まで出会った言葉たちを
誰かと共有したいと考えるようになり、インスタグラムで投稿を始めました。
そうすると、すぐに自分にとってすごく嬉しいことが起こりました。
フォロワーの方から「すごく心が楽になりました」、「いつも励まされています」などの
言葉をたくさんいただくようになったのです。

こんな何もない僕でも誰かの役に立つことができるんだ。
もっと言葉で人を励ましたい。

そう想うようになってからは、ほとんど毎日投稿するようになりました。
今では17万人以上の方がフォロワーになってくださり、
総いいね数は280万以上になります。

本書は、インスタグラムにあげた1000以上の名言から、
特に人気のあった100の言葉を厳選した名言集となります。
フォロワーのみなさんと一緒に制作した名言集ともいえるでしょう。

また、本書はただの名言集ではありません。
なぞり書くことで、ただ読むだけでは感じられなかった感覚、能動的な体験により得られる、
その言葉がより自分に染み渡る感覚をぜひ味わってください。

幸せってなんだっけと思ったとき、人間関係で悩んでしまったとき、
うまくいかずくじけそうなとき、仕事や勉強に疲れてしまったとき、毎日がつまらないと感じるとき、
きっと本書の言葉があなたに寄り添い、支えてくれるでしょう。
そして、なぞり書きし、自分の一部としていくことで、
昨日より、あなたがより自分らしい人生を送れることを願っています。

@everyday.meigen

この本の
特徴と使い方

 構成と味わい方

まずはページの吹き出し内の名言を、できれば声に出してじっくりと味わってください。その後、実際に名言をなぞってみてください。能動的に働きかけることで、言葉が心にストンと落ちてくるはずです。

昨今、「手書きで文字を書く」機会がめっきり減りました。なぞり書きをすると、書くことによる脳への刺激が脳トレになります。また集中することで、写経をする時のように心が落ち着き、呼吸も自然にゆったりと。自律神経が整い、仕事や勉強のパフォーマンスが向上する効果もあるといわれています。

 ハッシュタグの意味

名言は、総じて人生哲学や自己啓発に関わる内容です。それにプラスした意味を以下の7つのハッシュタグに分類しました。選ぶ時の参考にしてください。

#癒し:元気が出たり励まされたりするもの
#気づき:新しい視点を得られるもの
#挑戦:夢や仕事に対して
　　　　モチベーションが上がるもの
#愛情:愛に関するものや愛情を感じるもの
#恋愛:恋愛に関するもの
#感謝:感謝の言葉が含まれるものや
　　　　感謝の気持ちが生まれるもの
#スポーツ:スポーツに関するもの

❤ いいね！ 約1.7万件

004 位
#挑戦

まずは読んでみましょう

失敗したところでやめてしまうから
失敗になる。
成功するところまで続ければそれは
成功になる。

松下幸之助 (1894-1989)

松下電器産業（現パナソニック）創業者。9歳で単身大阪へ出て、火鉢店や自転車店で働いた。23歳で松下電気器具製作所（のちの松下電器産業）を創業。一代で世界有数の家電メーカーを築き上げ「学歴も金もない、ないないづくしからの成功」といわれた。

お手本を
なぞり書きしましょう

失敗したところでやめてしまうから
失敗になる。
成功するところまで続ければそれは
成功になる。

年　　　月　　　日

008

 鉛筆、ボールペン、筆ペン、何で書いてもOK

何でなぞるかは自由です。筆ペンのほうが、ゆったりとなぞることで美文字効果や癒し効果が高まるといわれますが、ボールペンでささっとなぞって、たっぷりとった余白スペースに何度も書き写して、言葉を積極的に自分のものにしても。

 **どれからはじめても自由！
その日の気分にぴったりくるものを**

名言は人気順に並んでいます。でもあなたの心にどれがグッとくるかはその時次第。ハッシュタグや欄外で紹介しているフォロワーから寄せられた声を参考に、取り組む時に最も自分の心に響くものを選んでください。

目次

発言者別検索

※カテゴリー内の数字は名言番号です。複数の肩書がある方は、
　一般的に知られる業績に合わせました。(敬称略)

001位
#気づき

> まずは読んでみましょう
>
> 日本の親は、「人に迷惑かけちゃダメだよ」と子供に教えるが、
> インドでは、「お前は人に迷惑かけて生きているのだから、
> 人のことも許してあげなさい」と教えてあげるという。
> 前者は、息苦しさを、後者には、ホッとするものを感じる。
> （中略）
> "迷惑をかけない"ように生きるのではなく、
> "迷惑をかけていること"を忘れない生き方の方が、
> 私は素敵だと考える。

中下大樹（たいき）

僧侶、社会福祉士。大学院でターミナルケア（病気で余命がわずかになった人に
対して行う、医療・看護的、介護的ケア）を学び、真宗大谷派住職資格を得たのち、
ホスピス（緩和ケア病棟）にて多くの末期がん患者の看取りに従事。「いのち」を
キーワードにした様々な活動も行っている。著書に『悲しむ力』など多数。

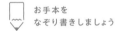 お手本を
なぞり書きしましょう

日本の親は、「人に迷惑かけちゃダメだよ」と

子供に教えるが、

インドでは、「お前は人に迷惑かけて生きているのだから、

人のことも許してあげなさい」と教えてあげるという。

前者は、息苦しさを、後者には、ホッとするものを感じる。

"迷惑をかけない"ように生きるのではなく、

"迷惑をかけていること"を忘れない生き方の方が、

私は素敵だと考える。

年　　　月　　　日

002位

#気づき

まずは読んでみましょう

> 上機嫌でいることは、
> 大人としての最低限のマナー。
> 不機嫌で許されるのは、子供だけ。
> 自分の機嫌くらい自分でとろう。
> 周りのせいにせず、環境のせいにせず、
> 限りある大切な今を幸せな気持ちで生きよう。

おぐら おさむ
巨椋 修

漫画家、作家、映画監督、格闘家。陽明門護身拳法の師範。
公式ブログに「巨椋修（おぐらおさむ）の不登校・ひきこも
り・ニートを考える」がある。著書『不登校の真実』が2003
年に映画化され、自ら監督を務めた。

 お手本を
なぞり書きしましょう

上機嫌でいることは、
大人としての最低限のマナー。
不機嫌で許されるのは、子供だけ。
自分の機嫌くらい自分でとろう。
周りのせいにせず、環境のせいにせず、
限りある大切な今を幸せな気持ちで生きよう。

年　　　　　月　　　　　日

followear's voice　　ID非公開　そうですよね。周りのせいにしては、いけない。自分を持とう!!

003位

#気づき

まずは読んでみましょう

「やる気がなくなった」のではない。
「やる気をなくす」という決断を
自分でしただけだ。
「変われない」のではない。
「変わらない」という決断を
自分でしているだけだ。

アルフレッド・アドラー（1870-1937）

オーストリアの精神科医。ユング、フロイトと並ぶ精神医学・心理学界の大家。46歳のとき、第1次世界大戦に召集され、心を病んだ兵士らの治療に携わったことが「アドラー心理学」の基礎となった。「人間は、自分の行動を自分で決められる」「人間の生き方には、その人特有のスタイルがある」と提唱し、自己啓発の源流と言われる。

お手本を
なぞり書きしましょう

「やる気がなくなった」のではない。
「やる気をなくす」という決断を
自分でしただけだ。
「変われない」のではない。
「変わらない」という決断を
自分でしているだけだ。

年　　　月　　　日

follower's
voice
@kumi.e_e　なるほど!!ワタシはやる気をなくすと言う決断を自分でしたんだな。ストンと落ちた

007

004 位

#挑戦

まずは読んでみましょう

失敗したところでやめてしまうから
失敗になる。
成功するところまで続ければそれは
成功になる。

松下幸之助 (1894-1989)

松下電器産業（現パナソニック）創業者。9歳で単身大阪へ出て、火鉢店や自転車店で働いた。23歳で松下電気器具製作所（のちの松下電器産業）を創業。一代で世界有数の家電メーカーを築き上げ「学歴も金もない、ないないづくしからの成功」といわれた。

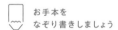

お手本を
なぞり書きしましょう

失敗したところでやめてしまうから
失敗になる。
成功するところまで続ければそれは
成功になる。

年　　　　月　　　　日

Q　**followear's voice**　　@hitsuzi3510　失敗を成功にする！今日も頑張れます(^^)

005位

#癒し

まずは読んでみましょう

暗いのではなく、優しいのだ。
のろまではなく、丁寧なのだ。
失敗ばかりではなく、
たくさんチャレンジをしているのだ。

アルフレッド・アドラー（1870-1937）

オーストリアの精神科医。ユング、フロイトと並ぶ精神医学・心理学界の大家。46歳のとき、第1次世界大戦に召集され、心を病んだ兵士らの治療に携わったことが「アドラー心理学」の基礎となった。「人間は、自分の行動を自分で決められる」「人間の生き方には、その人特有のスタイルがある」と提唱し、自己啓発の源流と言われる。

お手本を
なぞり書きしましょう

暗いのではなく、優しいのだ。
のろまではなく、丁寧なのだ。
失敗ばかりではなく、
たくさんチャレンジをしているのだ。

年　　　月　　　日

006位

#挑戦 #癒し

まずは読んでみましょう

Nothing is impossible,
the word itself says, I'm possible.

(訳)

不可能なことなどないわ。
だって、Impossible（不可能）という単語に、
I'm possible（私にはできる）と書いてあるのだから。

オードリー・ヘプバーン (1929-1993)

ベルギー出身のハリウッド女優。映画「ローマの休日」でデビューし、アカデミー賞主演女優賞を受賞。「ティファニーで朝食を」「マイ・フェア・レディ」などの名作出演した。晩年はユニセフ親善大使として世界を回り、恵まれない人々、難民らの支援に尽力。1992年にアメリカの大統領自由勲章を受章。

お手本を
なぞり書きしましょう

Nothing is impossible,
the word itself says, I'm possible.

不可能なことなどないわ。
だって、Impossible（不可能）という単語に、
I'm possible（私にはできる）と書いてあるのだから。

年　　　　月　　　　日

followear's
voice　　　@nekota2020　I'm possible この気付きは凄い!

007位

#気づき #恋愛

まずは読んでみましょう

好きな人ができたら好きだと告げるべし。
これ！ と思うものは迷わず買うべし。
旅に出たいと思ったら行ける所まで行ってみるべし。
80になってやらなかったことの後悔が
やってしまったことの後悔より深いことを知る。
やりたいことをとことんやるべし。
今日限りの命のつもりで。 永遠に生きるつもりで。

小池一夫 (1936-2019)

漫画原作者、小説家、作詞家。「漫画はキャラ起てが大事だ」を信条にしており、インパクトの強いキャラクターを次々と生み出した。『子連れ狼』『御用牙』『修羅雪姫』などの漫画原作を手がけ、初期の『ゴルゴ13』にも携わっている。『子連れ狼』は1987年と早い時期にアメリカで成功した作品で、日本漫画ブームの草分けとなる。

お手本を
なぞり書きしましょう

好きな人ができたら好きだと告げるべし。
これ！ と思うものは迷わず買うべし。
旅に出たいと思ったら行ける所まで行ってみるべし。
80になってやらなかったことの後悔が
やってしまったことの後悔より深いことを知る。
やりたいことをとことんやるべし。
今日限りの命のつもりで。 永遠に生きるつもりで。

年　　　月　　　日

008 位

#気づき #恋愛

まずは読んでみましょう

お金で「家」は買えるけれど、
「家庭」は買えない。
お金で「時計」は買えるけれど、
「時間」は買えない。
お金で「名医」は買えるけれど、
「健康」は買えない。
お金で「地位」は買えるけれど、
「尊敬」は買えない。
お金で「血」は買えるけれど、
「命」は買えない。
お金で「セックス」は買えるけれど、
「愛」は買えない。

マダム・ホー

アメリカ・カリフォルニア州在住の風水師、占い師、メンタルコーチ。ハピネス・バランス研究所代表を務める。風水やお金、マインドセットなどのセミナーも数多く開催中。『夢を叶えるマダム・ホーの「ハピネス風水」生活 』、『マダム・ホーのお金と運にめぐまれる風水活用術』など著書多数。

お金で「家」は買えるけれど、
「家庭」は買えない。
お金で「時計」は買えるけれど、
「時間」は買えない。
お金で「名医」は買えるけれど、
「健康」は買えない。
お金で「地位」は買えるけれど、
「尊敬」は買えない。
お金で「血」は買えるけれど、
「命」は買えない。
お金で「セックス」は買えるけれど、
「愛」は買えない。

009位

#癒し

> まずは読んでみましょう
>
> キミがうまくいかないところは
> みんなもうまくいかないところだよ。
> つまり多くの人のあきらめ地点と言ってもいい。
> このあきらめ地点で耐えて
> 工夫して努力を続けて乗り越えたとき
> キミは他の人が見られない
> 景色を見ることができる。

Testosterone（テストステロン）

日本産まれ。twitterフォロワー数190万人超えの筋トレ系インフルエンサー。
学生時代は体重110キロの巨漢であったが、アメリカ留学中に筋トレに出会い
40キロのダイエットに成功。正しい筋トレ法や効能を広める活動をしている。
著書『筋トレが最強のソリューションである』など。

お手本を
なぞり書きしましょう

キミがうまくいかないところは
みんなもうまくいかないところだよ。
つまり多くの人のあきらめ地点と言ってもいい。
このあきらめ地点で耐えて
工夫して努力を続けて乗り越えたとき
キミは他の人が見られない
景色を見ることができる。

年　　　　月　　　　日

010位

#気づき

まずは読んでみましょう

> ナースが聞いた「死ぬ前に語られる後悔」TOP5
> 1. 自分自身に忠実に生きれば良かった
> 2. あんなに一生懸命働かなくても良かった
> 3. もっと自分の気持ちを表す勇気を持てば良かった
> 4. 友人関係を続けていれば良かった
> 5. 自分をもっと幸せにしてあげれば良かった

ブロニー・ウェア

オーストラリア出身の作家。終末期医療に携わる介護人でもある。多くの終末期患者を看取った経験をブログが注目を集め、それらをまとめた著書『死ぬ瞬間の5つの後悔』を出版。世界30ケ国以上で翻訳され、日本でも大きな話題を呼んだ。

お手本を
なぞり書きしましょう

ナースが聞いた「死ぬ前に語られる後悔」TOP5
1. 自分自身に忠実に生きれば良かった
2. あんなに一生懸命働かなくても良かった
3. もっと自分の気持ちを表す勇気を持てば良かった
4. 友人関係を続けていれば良かった
5. 自分をもっと幸せにしてあげればよかった

年　　　月　　　日

 followear's voice　@toshiaki_mochizuki_ 　生きていることは、当たり前ではない、そう意識して、日々過ごしていきたいと思いました。ありがとうございます。

015

#癒し #愛情

まずは読んでみましょう

人間の幸せは、ものやお金ではありません。
人間の究極の幸せは、次の4つです。
その1つは、人に愛されること。
2つは、人にほめられること。
3つは、人の役に立つこと。
そして最後に、人から必要とされること。

大山泰弘 (1932-2019)

チョークの製造販売を手掛ける「日本理化学工業」(川崎市)の
社長、会長を務めた。障がい者雇用を推し進めており、1975年
に川崎市に日本初の知的障がい者多数雇用モデル工場を設置。
従業員の7割以上が知的障がい者である。

お手本を
なぞり書きしましょう

人間の幸せは、ものやお金ではありません。

人間の究極の幸せは、次の4つです。

その1つは、人に愛されること。

2つは、人にほめられること。

3つは、人の役に立つこと。

そして最後に、人から必要とされること。

_____ 年 ____ 月 ____ 日

まずは読んでみましょう

壁というのは、できる人にしかやってこない。
超えられる可能性がある人にしかやってこない。
だから、壁がある時はチャンスだと思っている。

イチロー

元プロ野球選手・メジャーリーガー。ドラフト4位でオリックス入団。1994年に
当時最多の210安打を記録してから、7年連続首位打者となる。2001年にマリ
ナーズへ移籍後も、10年連続200本安打を達成し、メジャーリーグでもスター
選手となった。2004年にはメジャーリーグ新記録の262安打をマークした。

お手本を
なぞり書きしましょう

壁というのは、できる人にしかやってこない。
超えられる可能性がある人にしかやってこない。
だから、壁がある時はチャンスだと思っている。

　　　　　　　　　　　　　　　　　　年　　　月　　　日

followear's
voice

@mjk_fron_m　自分に対してそびえ立つ壁が実はチャンスだと気づかされました。
イチローさんに感謝。

013

#癒し

まずは読んでみましょう

しあわせそうに振る舞ってごらん。
今は演技でも、気づいた頃には
本当の縁起に変わってる。

ヤポンスキーこばやし画伯

お笑いタレント。お笑いコンビ「ヤポンスキー」を結成したが、2012年に解散。その後、ヤポンスキーこばやし画伯として活動中。スケッチブックや漫画を使ったネタを披露する。「へのへのもへじ」を使って、動物やアニメキャラクターを描いており、ネタは5000種類以上ある。ポケモン好きである。

お手本を
なぞり書きしましょう

しあわせそうに振る舞ってごらん。
今は演技でも、気づいた頃には
本当の縁起に変わってる。

年 月 日

follower's
voice
@xtremelike8　なりたい自分になり切るのは、未来の先取りなのですね☆
ありがとうございます！勉強になります！

018

014

#気づき #挑戦

まずは読んでみましょう

人生にはおもしろくないことが
たくさん起こる。
それは全て自分に責任がある。
何かを気づかせるために
起こるということを
知っておいたほうがいい。

松下幸之助 (1894-1989)

松下電器産業（現パナソニック）創業者。9歳で単身大阪へ出て、火
鉢店や自転車店で働いた。23歳で松下電気器具製作所（のちの松
下電器産業）を創業。一代で世界有数の家電メーカーを築き上げ
「学歴も金もない、ないないづくしからの成功」といわれた。

お手本を
なぞり書きしましょう

人生にはおもしろくないことが
たくさん起こる。
それは全て自分に責任がある。
何かを気づかせるために
起こるということを
知っておいたほうがいい。

年　　　月　　　日

015
#癒し

まずは読んでみましょう

他人のように
上手くやろうと思わないで、
自分らしく失敗しなさい。

大林宣彦 (1938-2020)

映画監督、CMディレクター。幼少の頃から映画を撮り始めており、自主制作映画の
パイオニア的存在。故郷・尾道を舞台にした「転校生」「時をかける少女」「さびしん
ぼう」は「尾道3部作」として知られる。がんで余命宣告を受けても映画への情熱は
失わず、2019年に遺作「海辺の映画館ーキネマの玉手箱」を完成させた。

お手本を
なぞり書きしましょう

他人のように
上手くやろうと思わないで、
自分らしく失敗しなさい。

年　　　月　　　日

016

#気づき

まずは読んでみましょう

お前が寝る前にベッドで無駄に
スマホを見て過ごした十分は
明朝 お前が死ぬほど寝たかった十分

作者不明

お手本を
なぞり書きしましょう

お前が寝る前にベッドで無駄に
スマホを見て過ごした十分は
明朝 お前が死ぬほど寝たかった十分

年　　　月　　　日

followear's
voice　　　@spring.blessing.sky　　一昨日息子に言った台詞そのものです。笑っ!

021

まずは読んでみましょう

「嫌なことを一生懸命我慢すること」が
「頑張る」ことだと
長らく思い込んでいたけれども、
「頑張る」とは「最良の結果に向けて
尽力すること」であって、
我慢とは別物であると気づけて良かった。

作者不明

 お手本を
なぞり書きしましょう

「嫌なことを一生懸命我慢すること」が

「頑張る」ことだと

長らく思い込んでいたけれども、

「頑張る」とは「最良の結果に向けて

尽力すること」であって、

我慢とは別物であると気づけて良かった。

_____ 年 ___ 月 ___ 日

まずは読んでみましょう

一番苦しいときが
一番成長するとき。
乗り越えた先には
新しい自分が待っている。

田口久人
（ひさと）

Instagram（@yumekanau2）で仕事、家族、人生などをテーマにした言葉を綴り、「心に響く」「救われる」と話題に。現在フォロワーは約64万人。著書に『受かる！自己分析シート』『受かる！面接力養成シート』『20代からの自分を強くする「あかさたなはまやらわ」の法則』『そのままでいい』『きっと明日はいい日になる』など数多くあり、累計66万部を超える。

お手本を
なぞり書きしましょう

一番苦しいときが
一番成長するとき。
乗り越えた先には
新しい自分が待っている。

年　　　　　月　　　　　日

019

#癒し

まずは読んでみましょう

「正しさ」と「優しさ」を
天秤にかければ、
僕は、優しさを優先したい。
正しさは、優しさの後に
ついてくるものなんじゃないかなあ。

小池一夫 (1936-2019)

漫画原作者、小説家、作詞家。「漫画はキャラ起てが大事だ」を信条にしており、インパクトの強いキャラクターを次々と生み出した。『子連れ狼』『御用牙』『修羅雪姫』などの漫画原作を手がけ、初期の『ゴルゴ13』にも携わっている。『子連れ狼』は1987年と早い時期にアメリカで成功した作品で、日本漫画ブームの草分けとなる。

 お手本を
なぞり書きしましょう

「正しさ」と「優しさ」を
天秤にかければ、
僕は、優しさを優先したい。
正しさは、優しさの後に
ついてくるものなんじゃないかなあ。

年　　　月　　　日

まずは読んでみましょう

世の中には幸も不幸もない。
ただ、考え方で
どうにもなるのだ。

ウィリアム・シェイクスピア (1564-1616)

イギリスの劇作家、詩人。『ロミオとジュリエット』『ハムレット』などの名作を残した。鋭い人間観察力によって、苦悩や葛藤などの心理描写を巧みに描き、文学史上もっとも偉大な劇作家の1人に数えられる。「成し遂げんとした志をただ1回の敗北によって捨ててはいけない(『テンペスト』より)」など数多くの名言がある。

 お手本を
なぞり書きしましょう

世の中には幸も不幸もない。
ただ、考え方で
どうにもなるのだ。

年　　　月　　　日

021

\#気づき

> まずは読んでみましょう
>
> 一日だけ幸せでいたいならば、床屋に行け。
> 一週間だけ幸せでいたいなら、車を買え。
> 一カ月だけ幸せでいたいなら、結婚をしろ。
> 一年だけ幸せでいたいなら、家を買え。
> 一生幸せでいたいなら、正直でいることだ。

イギリスのことわざ

お手本を
なぞり書きしましょう

一日だけ幸せでいたいならば、床屋に行け。

一週間だけ幸せでいたいなら、車を買え。

一カ月だけ幸せでいたいなら、結婚をしろ。

一年だけ幸せでいたいなら、家を買え。

一生幸せでいたいなら、正直でいることだ。

年　　　月　　　日

followear's voice　@aidahootoh　正直でいることと自分の幸せなど望まずに、
袖触れ合う人の幸せ望むことだよね!!(^^)(^^)(^^)

022

#癒し

まずは読んでみましょう

気にしない。気にしない。
百年たったら、みんな
この世にいないんだから。

作者不明

お手本を
なぞり書きしましょう

気にしない。気にしない。
百年たったら、みんな
この世にいないんだから。

年　　　　月　　　　日

まずは読んでみましょう

一言多い人って、すごく損をしている。
その一言を言った方は、
言ってやった感があって
一時満足するだろうが、
自分の価値を落とすだけ。
どこで黙るか、
その一言を言わないのが大人。

小池一夫（1936-2019）

漫画原作者、小説家、作詞家。「漫画はキャラ起てが大事だ」を信条にしており、インパクトの強いキャラクターを次々と生み出した。『子連れ狼』『御用牙』『修羅雪姫』などの漫画原作を手がけ、初期の『ゴルゴ13』にも携わっている。『子連れ狼』は1987年と早い時期にアメリカで成功した作品で、日本漫画ブームの草分けとなる。

 お手本を
なぞり書きしましょう

一言多い人って、すごく損をしている。
その一言を言った方は、
言ってやった感があって
一時満足するだろうが、
自分の価値を落とすだけ。
どこで黙るか、
その一言を言わないのが大人。

年　　　月　　　日

まずは読んでみましょう

> 「他人」の悪口を
> 私に聞かせる人は
> 「私」の悪口を
> 他人に聞かせる。

作者不明

お手本を
なぞり書きしましょう

「他人」の悪口を
私に聞かせる人は
「私」の悪口を
他人に聞かせる。

年　　　　月　　　　日

#気づき

まずは読んでみましょう

悩んだ時はゆっくり
時間をかけて 3 回考える。
1 度目に思ったことは
「その時だけの感情」
2 度目に思ったことは
「前の気持ちを引きずっての答え」
3 度目に思ったことは
「自分の本当の気持ち」

作者不明

お手本を
なぞり書きしましょう

悩んだ時はゆっくり

時間をかけて 3 回考える。

1 度目に思ったことは

「その時だけの感情」

2 度目に思ったことは

「前の気持ちを引きずっての答え」

3 度目に思ったことは

「自分の本当の気持ち」

年　　　月　　　日

Q　followear's
voice　　ID非公開　たしかにそうです。転職で悩んでいます。吹っ切れた！

030

まずは読んでみましょう

人間が人間として生きていくのに
一番大切なのは、
頭の良し悪しではなく、
心の良し悪しだ。

中村天風（てんぷう）(1876-1968)

実業家、思想家。日露戦争のスパイとして活躍し、帰国後に肺結核を発症。病気をきっかけに人生を深く考え、世界を遍歴する。ヒマラヤでヨガ聖者から指導を受け、「自分は大宇宙の力と結びついている強い存在だ」と悟って病を克服。「いのちの力」を発揮するための「心身統一法」を提唱し、普及活動を行った。

お手本を
なぞり書きしましょう

人間が人間として生きていくのに
一番大切なのは、
頭の良し悪しではなく、
心の良し悪しだ。

年　　　　月　　　　日

#癒し #気づき

まずは読んでみましょう

全てがうまくいくわけはない。
気持ち次第で運命は変わる。

作者不明

お手本を
なぞり書きしましょう

全てがうまくいくわけはない。
気持ち次第で運命は変わる。

年　　　月　　　日

@ayumisns　いいですね☆名言が大好きです!!モチベーション上がります♥
朝から、ありがとうございます☀

まずは読んでみましょう

今日逃げたら
明日はもっと大きな
勇気が必要になるぞ。

二宮修二

古谷野孝雄氏によるサッカー漫画『ANGEL VOICE（エンジェルボイス）』の登場人物。ポジションはMF（左サイドハーフ）、背番号は8。不良グループの一員だったが、サッカーの練習に参加するようになる。悟りをひらいたかのような発言が多く、読者からは「哲人」と呼ばれている。

お手本を
なぞり書きしましょう

今日逃げたら
明日はもっと大きな
勇気が必要になるぞ。

年　　　　　月　　　　　日

まずは読んでみましょう

実力の差は努力の差
実績の差は責任感の差
人格の差は苦労の差
判断力の差は情報の差

武田信玄 (1521-1573)

戦国時代の武将。甲斐国(現在の山梨県)の守護大名。越後国
(現在の新潟県)の武将・上杉謙信との「川中島の戦い」が有名。
また政治的手腕もあり、釜無川に堤防を築いて氾濫を抑え、新
田の開発を可能にした。現在でも人気が高い戦国武将の1人。

お手本を
なぞり書きしましょう

実力の差は努力の差
実績の差は責任感の差
人格の差は苦労の差
判断力の差は情報の差

年　　　　月　　　　日

030

#挑戦

まずは読んでみましょう

良くするためには、成長するしかない。
成長するためには、失敗するしかない。
失敗するためには、挑戦するしかない。

作者不明

お手本を
なぞり書きしましょう

良くするためには、成長するしかない。
成長するためには、失敗するしかない。
失敗するためには、挑戦するしかない。

年　　　　月　　　　日

followear's voice　　@yukona0222　現状維持は楽に思えるけどつまらない。どうせなら沢山の初めてと失敗を経験して、キラキラ☆した人生を送ろう!!とわたくしは決めました。

031

#癒し

まずは読んでみましょう

どうぞ一日一日を大切に過ごしてください。
そして、「今日はいいことがある。
いいことがやってくるんだ」。
そう思って生活してみてください。
心が少しは楽になりますよ。

瀬戸内寂聴（1922-2021）

作家、天台宗の尼僧。2006年に文化勲章を受章。自身の不倫体験に基づいた
小説「夏の終り」で女流文学賞を受賞し、作家としての地位を築く。半世紀以上
にわたって盛んに執筆活動を行い、400冊以上の本を出版。また、京都・嵯峨
野に「曼陀羅山 寂庵」を開き、「写経の会」や「法話の会」を行った。

お手本を
なぞり書きしましょう

どうぞ一日一日を大切に過ごしてください。
そして、「今日はいいことがある。
いいことがやってくるんだ」。
そう思って生活してみてください。
心が少しは楽になりますよ。

年　　　月　　　日

032

#気づき #挑戦

まずは読んでみましょう

重要なのは行為そのものであって、
結果ではない。
行為が実を結ぶかどうかは、
自分の力でどうなるものではなく、
生きているうちにわかるとも限らない。
だが、正しいと信ずることを行いなさい。
結果がどう出るにせよ、
何もしなければ何の結果もないのだ。

マハトマ・ガンディー (1869-1948)

インド独立運動の指導者。インドのイギリスからの独立運動を指揮したが
民衆暴動やゲリラ戦ではなく「非暴力、不服従」で戦うことを貫いた。イギ
リスによる塩税に抗議した運動「塩の行進」で世界に知られるようになっ
た。ガンディーの誕生日である10月2日は「国際非暴力デー」になった。

お手本を
なぞり書きしましょう

重要なのは行為そのものであって、

結果ではない。

行為が実を結ぶかどうかは、

自分の力でどうなるものではなく、

生きているうちにわかるとも限らない。

だが、正しいと信ずることを行いなさい。

結果がどう出るにせよ、

何もしなければ何の結果もないのだ。

年　　　　月　　　　日

#気づき #感謝

【幸せを呼ぶ10カ条】

1. いつも「いいこと」を口にする
2. 悪口、陰口は言わない
3. どんなときも笑顔を忘れない
4. 自分から先に挨拶する
5. 相手の話に最後まで耳を傾ける
6. 自分と他者を比べようとしない
7. 相手の短所ではなく、
   長所を見るようにする
8. 何が起きても「これでよかった」
   と信じる
9. たくさん鏡を見て、
   自分を好きになる
10.「すみません」より「ありがとう」
   という

佐藤富雄（1932-2012）

作家、健康科学者、医学博士、農学博士。大脳・自立神経系と
人間の行動・言葉の関連性に着目し、人生を成功に導くとい
う「口ぐせ理論」を提唱し、話題を呼ぶ。著書は『運命は「口ぐ
せ」で決まる』など。ルーマニア領事なども務めた。

【幸せを呼ぶ10カ条】

1. いつも「いいこと」を口にする

2. 悪口、陰口は言わない

3. どんなときも笑顔を忘れない

4. 自分から先に挨拶する

5. 相手の話に最後まで耳を傾ける

6. 自分と他者を比べようとしない

7. 相手の短所ではなく、
   長所を見るようにする

8. 何が起きても「これでよかった」と信じる

9. たくさん鏡を見て、自分を好きになる

10.「すみません」より「ありがとう」という

followear's
voice
@ht4sfjwr　いつも意識したいと思います。ついついこれらと逆の行動を取りがちです。

まずは読んでみましょう

中学生は小学生の頃はよかったと言う。
高校生は中学生の頃はよかったと言う。
大学生は高校生の頃はよかったと言う。
社会人は学生の頃はよかったと言う。
老人は働いていた頃はよかったと言う。
いい加減気づいてほしい。
今が一番なことを。

作者不明

お手本を
なぞり書きしましょう

中学生は小学生の頃はよかったと言う。
高校生は中学生の頃はよかったと言う。
大学生は高校生の頃はよかったと言う。
社会人は学生の頃はよかったと言う。
老人は働いていた頃はよかったと言う。
いい加減気づいてほしい。
今が一番なことを。

年　　　　　　月　　　　　　日

まずは読んでみましょう

> とっつきやすい人は、一生得をします。
> 私が考える「とっつきやすい人」とは、
> 次の３つの条件を満たしている人です。
> 1. 笑顔の人
> 2. 自分から挨拶をする人
> 3. 自分から動く動作がみられる人

平林 都（みやこ）

マナー講師。エレガントマナースクール代表取締役。「形なくしては心は伝わらない」という信念のもと、楽しく、気持ちよく、笑顔になってもらう「接遇」を広める。病院、銀行、自動車販売店、美容院、洋菓子店などで年間300件以上の接客研修をこなす。著書に『平林流 大人の接遇 スパルタレッスン』など。

お手本を
なぞり書きしましょう

とっつきやすい人は、一生得をします。

私が考える「とっつきやすい人」とは、

次の３つの条件を満たしている人です。

1.笑顔の人

2.自分から挨拶をする人

3.自分から動く動作がみられる人

年　　　　月　　　　日

036

#癒し

まずは読んでみましょう

「いい経験をしたな!」
終わったことは
そう思うしかないんです

斎藤一人（ひとり）

健康食品などを販売する「銀座まるかん」創業者。虚
弱体質だった自身の体質改善のために独自の青汁
をつくり、会社を興した。高額納税者番付では11年連
続でトップ10入りし、うち2度は1位だった。

お手本を
なぞり書きしましょう

「いい経験をしたな!」
終わったことは
そう思うしかないんです

年　　　月　　　日

 followear's voice　　ID非公開　どんなこともひとつの経験、勉強になったと思うようにしてます。

037

#気づき

まずは読んでみましょう

人の欠点が気になったら、
自分の器が小さいと思うべきです。
他人の短所が見えなくなったら
相当の人物、長所ばかりが
見えてきたら大人物です。

石井 久 (1923-2016)

実業家。「独眼竜」のペンネームで独自の相場見通しを専
門誌などで展開し、「スターリン暴落」「バブル崩壊」など
の大相場を的中させた。「最後の相場師」の異名を持つ。
買収した立花証券経営でも成功し、巨万の富を築いた。

お手本を
なぞり書きしましょう

人の欠点が気になったら、
自分の器が小さいと思うべきです。
他人の短所が見えなくなったら
相当の人物、長所ばかりが
見えてきたら大人物です。

年　　　　月　　　　日

038

#挑戦

まずは読んでみましょう

自信って、自分との約束を
守った量のこと。

作者不明

お手本を
なぞり書きしましょう

自信って、自分との約束を
守った量のこと。

年　　　月　　　日

followear's voice　ID非公開　そして、相手との約束を守ることも大切 ●

044

039

#気づき

まずは読んでみましょう

どの道を選ぶかではなく、
選んだ道を
どう生きるかが大切。

作者不明

お手本を
なぞり書きしましょう

どの道を選ぶかではなく、
選んだ道を
どう生きるかが大切。

年　　　月　　　日

　@junyaohtsuka　結婚と一緒ですねぇ
どの人とではなく、どう生きるか

まずは読んでみましょう

好きなことを見つけたらどんどんやるといい。
時間ができたら、なんて思っているうちに
そいつは離れていっちゃう。
追いかけて捕まえるなどと悠長に
構えているとね、その間に人生が終わってる。
人生はね、好きなことを後回しに
できるほど長くはないんだよ。

志茂田景樹

小説家、絵本作家、タレント、読み聞かせ隊長。保険調査員や週刊誌記者などをしながら執筆活動を行う。その時に書き上げた『やっとこ探偵』で小説現代新人賞を受賞。1980年プロ作家デビューを果たした。その後、『黄色い牙』で直木賞受賞。奇抜なファッションも特徴。近年は絵本の読み聞かせ活動もしている。

お手本を
なぞり書きしましょう

好きなことを見つけたらどんどんやるといい。
時間ができたら、なんて思っているうちに
そいつは離れていっちゃう。
追いかけて捕まえるなどと悠長に
構えているとね、その間に人生が終わってる。
人生はね、好きなことを後回しに
できるほど長くはないんだよ。

年　　　月　　　日

 followear's
voice　　@gangtian.yingzi　納得！今、今ですね！

046

041

#気づき #挑戦

まずは読んでみましょう

面倒くさいっていう
自分の気持ちとの戦いなんだよ！
世の中の大事なことって、
たいがい面倒くさいんだよ。

宮崎 駿
はやお

アニメ映画監督。1984年公開の「風の谷のナウシカ」
で脚光を浴び、「となりのトトロ」などのヒット作品を
連発。「千と千尋の神隠し」でベルリン国際映画祭の
金熊賞を受賞。アニメ映画では初の快挙だった。

お手本を
なぞり書きしましょう

面倒くさいっていう
自分の気持ちとの戦いなんだよ！
世の中の大事なことって、
たいがい面倒くさいんだよ。

年　　　月　　　日

042

#気づき #挑戦

まずは読んでみましょう

人間が変わる方法は三つしかない。

一つは時間配分を変える。

二番目は住む場所を変える。

三番目は付き合う人を変える。

（中略）

もっとも無意味なのは、「決意を新たにする」ことだ。

かつて決意して何か変わっただろうか。

行動を具体的に変えない限り、決意だけでは何も変わらない。

大前研一

経営コンサルタント、起業家、ビジネス・ブレークスルー大学学長。「ボーダレス経済学と地域国家論」提唱者。経済のボーダレス化に伴う企業の国際化の問題、都市の発展を中心として広がっていく新しい地域国家などの概念について論文を発表。この功績により、アメリカのノートルダム大学で名誉法学博士号を授与された。「経営思想家ベスト50」に過去4回ランクインしている。

お手本を
なぞり書きしましょう

人間が変わる方法は三つしかない。

一つは時間配分を変える。

二番目は住む場所を変える。

三番目は付き合う人を変える。

もっとも無意味なのは、「決意を新たにする」ことだ。

かつて決意して何か変わっただろうか。

行動を具体的に変えない限り、決意だけでは何も変わらない。

<u>　　　　　　　　　　　　</u>　年　　　月　　　日

まずは読んでみましょう

一生懸命だと知恵が出る
中途半端だと愚痴が出る
いい加減だと言い訳が出る

武田信玄 (1521-1573)

戦国時代の武将。甲斐国 (現在の山梨県) の守護大名。越後国
(現在の新潟県) の武将・上杉謙信との「川中島の戦い」が有名。
また政治的手腕もあり、釜無川に堤防を築いて氾濫を抑え、新
田の開発を可能にした。現在でも人気が高い戦国武将の1人。

お手本を
なぞり書きしましょう

一生懸命だと知恵が出る
中途半端だと愚痴が出る
いい加減だと言い訳が出る

年　　　　月　　　　日

> まずは読んでみましょう
>
> 一度きりの人生、ムダにしない。
> 自分は主人公。
> 他人にどう思われてもいい。
> 唯一の失敗は、挑戦しないこと。
> 堂々とものごとを恐れずに生きる。
> 人生はなんとかなる。
> せっかくだから楽しもう。
> みんなに感謝と愛情。

厚切りジェイソン

アメリカ出身のお笑いタレント、会社役員。アメリカIT企業の日本法人社長として来日。日本のお笑い番組に魅せられ、自身もお笑い芸人に。二足の草鞋を履きながら、独自の投資、節約術で財産を築く。投資の利益だけで家族が生活できるようになり、2021年発売の著書『ジェイソン流お金の増やし方』はベストセラーになった。

お手本を
なぞり書きしましょう

一度きりの人生、ムダにしない。

自分は主人公。

他人にどう思われてもいい。

唯一の失敗は、挑戦しないこと。

堂々とものごとを恐れずに生きる。

人生はなんとかなる。

せっかくだから楽しもう。

みんなに感謝と愛情。

　　　　　　　　　　　　　　　　　　　年　　　月　　　日

まずは読んでみましょう

ニコニコすることは、
いわば運を引き寄せる行為。
自分をパワースポット化する
行為と言ってもいいです。

美輪明宏

シンガーソングライター、俳優。小学生の頃から声楽を習い、16歳でプロの歌手になり銀座の
シャンソン喫茶「銀巴里」を拠点に活躍。「メケ・メケ」や「ヨイトマケの唄」がヒットした。俳優
として三島由紀夫に熱望され、映画『黒蜥蜴』に主演し絶賛される。宮崎駿監督のアニメ映画
「もののけ姫」に声優として参加。著書は『人生ノート』『天声美語』など多数。

 お手本を
なぞり書きしましょう

ニコニコすることは、
いわば運を引き寄せる行為。
自分をパワースポット化する
行為と言ってもいいです。

年　　　　月　　　　日

まずは読んでみましょう

天才じゃあるまいし
たくさん失敗したらいい
たくさん努力したらいい

ボンボヤージュ

1999年に開設したウェブサイトで、動物キャラクターに「ほっとするひと言」を添えたイラストなどを掲載し、反響を呼んだ。ペンネームの意味はフランス語で「よい旅を」だが、旅行には興味がないという。著書は『ちびギャラ』シリーズ、『旅ボン』シリーズなど。

お手本を
なぞり書きしましょう

天才じゃあるまいし
たくさん失敗したらいい
たくさん努力したらいい

年　　　月　　　日

まずは読んでみましょう

「今だけ幸せに生きること」
を考えてください。
人生って、長いように見えても
結局、今の連続ですから。
今、幸せな人は明日も、あさっても
幸せですよ。

斎藤一人（ひとり）

健康食品などを販売する「銀座まるかん」創業者。虚
弱体質だった自身の体質改善のために独自の青汁
をつくり、会社を興した。高額納税者番付では11年連
続でトップ10入りし、うち2度は1位だった。

お手本を
なぞり書きしましょう

「今だけ幸せに生きること」
を考えてください。
人生って、長いように見えても
結局、今の連続ですから。
今、幸せな人は明日も、あさっても
幸せですよ。

年　　　月　　　日

048

#癒し

まずは読んでみましょう

たった一言が、人の心を傷つける。
たった一言が、人の心を温める。

小山 昇

実業家。武蔵野代表取締役社長。ダスキンのフランチャイズ事業と中小企業の経営改善コンサルタント業務を行う。全国の経営者でつくる「経営研究会」主催。「実践経営塾」「実践幹部塾」「経営計画書セミナー」など、全国各地で年間240回もの講演・セミナーを開催。経営に関する著書も多数。

お手本を
なぞり書きしましょう

たった一言が、人の心を傷つける。
たった一言が、人の心を温める。

年　　　月　　　日

まずは読んでみましょう

今から20年後、
あなたはやったことよりも
やらなかったことに失望する。

マーク・トウェイン (1835-1910)

アメリカ出身の小説家。『トム・ソーヤーの冒険』『ハックルベリー・フィンの冒険』が代表作。アメリカで最も愛される作家の1人。執筆活動により経済的成功を収めたが、投資に失敗して財産を失う。その後、お金を稼ぐために、世界中で講演活動を行った。

 お手本を
なぞり書きしましょう

今から20年後、
あなたはやったことよりも
やらなかったことに失望する。

年　　　月　　　日

050

#恋愛

恋愛において一番大切なのは、
「愛し合う」ってことではなく
「信じ合う」ということ。

作者不明

 お手本を
なぞり書きしましょう

恋愛において一番大切なのは、
「愛し合う」ってことではなく
「信じ合う」ということ。

051

#癒し #挑戦

まずは読んでみましょう

失敗しなかった一日は、
何もしなかった一日だ。

中谷彰宏
あきひろ

著作家、俳優。早稲田大学第一文学部演劇科を卒業後、博報堂
入社。1991年に独立し、中谷彰宏事務所を設立した。著書は『新
しい仕事術』『チャンスをつかめる人のビジネスマナー』『1分で
伝える力』など。自己啓発本を中心に1000冊以上を出版。

 お手本を
なぞり書きしましょう

失敗しなかった一日は、
何もしなかった一日だ。

年　　　月　　　日

 **follower's voice**　@momodesu9　前例がないチャレンジを続けてる最中で、かなりメンタルが傷つく
「うまくやれなかった」ことがあるので励まされました。

まずは読んでみましょう

自分の機嫌を
他人にとってもらうのが子供。
自分の機嫌を
自分で上手にとれるのが大人。

作者不明

 お手本を
なぞり書きしましょう

自分の機嫌を
他人にとってもらうのが子供。
自分の機嫌を
自分で上手にとれるのが大人。

年　　　　月　　　　日

まずは読んでみましょう

努力する人は希望を語り、怠ける人は不満を語る。

井上 靖（やすし）(1907-1991)

小説家、詩人。毎日新聞社に入社したのち、多くの作品を書き上げる。
1950年に『闘牛』で芥川賞を受賞すると、創作活動に専念。『天平の甍（てんぴょうのいらか）』での芸術選奨、『おろしや国酔夢譚（こくすいむたん）』での日本文学大賞、『孔子』での野間文芸賞など多数受賞。1976年文化勲章を受章。

お手本を
なぞり書きしましょう

努力する人は希望を語り、
怠ける人は不満を語る。

年　　　月　　　日

まずは読んでみましょう

およそ惨めなものは、
将来のことを不安に思って、
不幸にならない前に
不幸になっている心です。

セネカ（紀元前1年-65）

ローマ帝国の政治家、哲学者、詩人。カリグラ帝時代の財務官。カリグラ帝が暗殺されクラウディウスが皇帝に就くと、その妃メッサリナの画策により姦通罪でコルシカ島へ追放される。8年余りの追放生活ののち、ローマに戻る。隠遁生活に入ってからは精力的に執筆活動を行った。

お手本を
なぞり書きしましょう

およそ惨めなものは、
将来のことを不安に思って、
不幸にならない前に
不幸になっている心です。

年　　　　　月　　　　　日

まずは読んでみましょう

うまくいっているときは、
周りに人がたくさん集まる。
だが、一番大切なのは、
どん底のとき
誰がそばにいてくれたかや。

野村克也（1935-2020）

元プロ野球選手、監督。1954年にテスト生として南海（現ソフトバンク）に入団。3年目から正捕手。1965年には戦後初の三冠王に。首位打者1回、本塁打王9回、打点王7回、MVP5回、ベストナイン19回などの成績を残す。1990年にヤクルトの監督に就任。チームをリーグ優勝に4度、日本一に3度導いた。愛称は「ノムさん」。

 お手本を
なぞり書きしましょう

うまくいっているときは、
周りに人がたくさん集まる。
だが、一番大切なのは、
どん底のとき
誰がそばにいてくれたかや

年　　　月　　　日

まずは読んでみましょう

人の世に道は一つということはない。
道は百も千も万もある。

坂本龍馬 (1836-1867)

幕末の土佐藩士、志士、経営者。弱体化した江戸幕府を倒幕するきっかけ
を作った。薩摩藩と長州藩の同盟を成功させ、大政奉還を土佐藩に提案。
この案は徳川慶喜に進言され、形式上は幕府が消滅。1867年に京都の近
江屋で暗殺。この言葉は司馬遼太郎の『竜馬がゆく』より。

お手本を
なぞり書きしましょう

人の世に道は一つということはない。
道は百も千も万もある。

年　　　　月　　　　日

まずは読んでみましょう

言い返したくなる人は、
小さな負けを受け入れる度量がないわけです。
人生の目盛りが小さいのかもしれません。
オセロゲームのように、
あとで大きく勝てばいいではありませんか。

藤沢晃治
こうじ

コミュニケーション研究家、講演家。『「分かりやすい説明」の技術』『「分かりやすい
文章」の技術』『「分かりやすい表現」などの技術』の講談社ブルーバックスシリーズ
が合計65万部超え。企業向けの研修講師として活躍。「分かりやすく伝える技術」を
テーマに教育バラエティ番組「世界一受けたい授業」に出演。

お手本を
なぞり書きしましょう

言い返したくなる人は、
小さな負けを受け入れる度量がないわけです。
人生の目盛りが小さいのかもしれません。
オセロゲームのように、
あとで大きく勝てばいいではありませんか。

年　　　　月　　　　日

#気づき #スポーツ

まずは読んでみましょう

良い時も、悪い時も同じ態度で
接してくれた人だけ信じられんだ、
そういう人と一生つきあっていきたい。

落合博満

元プロ野球選手、監督。1979年にロッテに入団し、史上最年少（当時）の
28歳で三冠王を達成。その後も活躍を続け、史上最多の3度の三冠王に
輝いた。現役引退後は、野球解説者・指導者として活動。2004年に中日の
監督に就任し、リーグ優勝や日本一に導いた。2011年に「野球殿堂」入り。

お手本を
なぞり書きしましょう

良い時も、悪い時も同じ態度で
接してくれた人だけ信じられんだ、
そういう人と一生つきあっていきたい

年　　　　月　　　　日

ID非公開　いないです〜(´｀)あっ!!いました!!旦那さん。
なんだかんだで私を見守ってくれる、"家族"なんです(^^)

#気づき

体は食べたもので作られる、
心は聞いた言葉で作られる、
未来は話した言葉で作られる。

北原照久
てるひさ

玩具コレクター。株式会社トーイズ・株式会社トイズプランニング代表取締役。ブリキの
おもちゃコレクターの第一人者として世界的に知られている。『自分の好きなことをビジ
ネスとして成り立たせる』ことを実現させた起業家である。1986年横浜に「ブリキのお
もちゃ博物館」を開館。「開運!なんでも鑑定団」に鑑定士として出演している。

お手本を
なぞり書きしましょう

体は食べたもので作られる、
心は聞いた言葉で作られる、
未来は話した言葉で作られる。

年　　　月　　　日

まずは読んでみましょう

自分と他人とを比べて何の意味があるのですか？
生まれも、性別も、年齢も、人種も。
色んなモノが違うのに。
比べるなら過去の自分と、今の自分を比べなさい。
そして昔はできなかったのに、
今は出来ることを見つけなさい。
そうすれば自分が少し好きになれますよ。

作者不明

お手本を
なぞり書きしましょう

自分と他人とを比べて何の意味があるのですか？
生まれも、性別も、年齢も、人種も。
色んなモノが違うのに。
比べるなら過去の自分と、今の自分を比べなさい。
そして昔はできなかったのに、
今は出来ることを見つけなさい。
そうすれば自分が少し好きになれますよ。

年　　　　月　　　　日

まずは読んでみましょう

知らないのは恥でない、
知ろうとしないのが恥である。

さわやなぎ まさたろう
澤柳政太郎（1865-1927）

文部官僚・教育者・貴族院勅選議員。文部官僚時代に小学校令を改正して、
義務教育年限を4年から6年に延長および義務教育費の無償化を行った。退
官後は民間教育家として活動し、1917年に成城小学校を設立し、児童の自
発性を重んずる新教育運動を主導した。著書は『実際的教育学』など。

お手本を
なぞり書きしましょう

知らないのは恥でない、
知ろうとしないのが恥である。

年　　　　月　　　　日

 followear's
voice
@bellezzamelrose　恥ずかしく思うのは自分だけ。知る事の利点のほうが大きいですね！

#癒し #気づき

まずは読んでみましょう

他人と過去は変えられないが
自分と未来は変えられる。

エリック・バーン (1910-1970)

アメリカの精神科医。交流分析 (Transactional Analysis：TA) 提唱者。交流分析とは、自分自身の人間関係やコミュニケーションの傾向を知り、対人関係の問題を解消したり、トラブルを回避したりするための心理療法。教育、介護、ビジネスなどの分野においても幅広く活用されている。

お手本を
なぞり書きしましょう

他人と過去は変えられないが
自分と未来は変えられる。

_____ 年 　 月 　 日

063
#気づき

まずは読んでみましょう

性格は顔に出る　　　センスは服に出る
生活は体に出る　　　美意識は爪に出る
本音は仕草に出る　　清潔感は髪に出る
感情は声に出る　　　落ち着きのなさは足に出る

作者不明

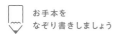

お手本を
なぞり書きしましょう

性格は顔に出る　　　センスは服に出る
生活は体に出る　　　美意識は爪に出る
本音は仕草に出る　　清潔感は髪に出る
感情は声に出る　　　落ち着きのなさは足に出る

年　　　　月　　　　日

064

#癒し #挑戦

まずは読んでみましょう

日本では、どん底に落ちたら
あとは上がるだけだって言うけれど、
イタリアでは「どん底なら穴を掘れ」
って言うんですよ。
そこまでのしぶとさがあっていい。

<ruby>養老孟司<rt>ようろう たけし</rt></ruby>

解剖学者。東京大学医学部卒。東京大医学部教授を務めた後、名誉教授に。1989年『からだの見方』でサントリー学芸賞受賞。2003年刊『バカの壁』は同年、ベストセラー第1位になり、題名の「バカの壁」は新語・流行語大賞を受賞した。他にも『唯脳論』『手入れという思想』『遺言。』『ヒトの壁』など著書多数。

お手本を
なぞり書きしましょう

日本では、どん底に落ちたらあとは
上がるだけだって言うけれど、
イタリアでは「どん底なら穴を掘れ」
って言うんですよ。
そこまでのしぶとさがあっていい。

年　　　月　　　日

まずは読んでみましょう

失敗の原因を素直に認識し、
「これは非常にいい体験だった。
尊い教訓になった」
というところまで心を開く人は、
後日進歩し成長する人だと思います。

松下幸之助 (1894-1989)

松下電器産業（現パナソニック）創業者。9歳で単身大阪へ出て、火
鉢店や自転車店で働いた。23歳で松下電気器具製作所（のちの松
下電器産業）を創業。一代で世界有数の家電メーカーを築き上げ
「学歴も金もない、ないないづくしからの成功」といわれた。

お手本を
なぞり書きしましょう

失敗の原因を素直に認識し、
「これは非常にいい体験だった。
尊い教訓になった」
というところまで心を開く人は、
後日進歩し成長する人だと思います。

年　　　月　　　日

066

#癒し

まずは読んでみましょう

こんな頑張ってるのに、
全然上手くいかない。
それはまだ準備期間だから。
大丈夫、時がきたら
自然と上手くいく。

斉藤美苑

書道講師。子どもの頃から書道に親しむ。大学卒業後、一般企業で勤める傍ら、書道講師
としても活動開始。生徒数が増え、2013年に講師として独立。カルチャースクールや各地で
ワークショップ等を行う。2017年より始めたInstagramで手書き文字が人気に。著書に『く
り返し使える魔法の練習帳付き！愛され美文字になるペン字レッスン』がある。

お手本を
なぞり書きしましょう

こんな頑張ってるのに、
全然上手くいかない。
それはまだ準備期間だから。
大丈夫、時がきたら
自然と上手くいく。

年　　　　月　　　　日

followear's
voice

ID非公開　「雲の向こうはいつも青空♪」そんな言葉も思い出しました。☆☆✹

まずは読んでみましょう

自分にできないと考えている間は、
本当はそれをやりたくないと
心に決めているのだ。
だからそれは実行されはしない。

バールーフ・デ・スピノザ (1632-1677)

オランダの哲学者。デカルト、ライプニッツと並ぶ17世紀の近世合理主
義哲学者として知られる。カントやヘーゲルらドイツ観念論やマルクス
などの現代思想へ強大な影響を与えた。その肖像はオランダの旧通貨
1000ギルダー紙幣に描かれていたこともある。著書に『国家論』など。

お手本を
なぞり書きしましょう

自分にできないと考えている間は、
本当はそれをやりたくないと
心に決めているのだ。
だからそれは実行されはしない。

年　　　月　　　日

まずは読んでみましょう

人生は耐え忍ぶためではなく、楽しむためにある

ゴードン・B・ヒンクレー (1910-2008)

アメリカ出身の宗教指導者、作家。末日聖徒イエス・キリスト教会(LDS 教会)の第15代会長を務めた。2004年に米大統領ジョージ・W・ブッシュから自由勲章を授与された。

お手本を
なぞり書きしましょう

人生は耐え忍ぶためではなく、
楽しむためにある

年　　　　月　　　　日

まずは読んでみましょう

気が進まなくても時間は進む。
とりあえずやってみたら
あなた自身が一歩進む。

ヤポンスキーこばやし画伯

お笑いタレント。お笑いコンビ「ヤポンスキー」を結成したが、2012年に解散。その後、ヤポンスキーこばやし画伯として活動中。スケッチブックや漫画を使ったネタを披露する。「へのへのもへじ」を使って、動物やアニメキャラクターを描いており、ネタは5000種類以上ある。ポケモン好きである。

 お手本を
なぞり書きしましょう

気が進まなくても時間は進む。
とりあえずやってみたら
あなた自身が一歩進む。

年　　　　月　　　　日

\#挑戦

まずは読んでみましょう

今のこの人生を、もう一度そっくり
そのままくり返してもかまわない
という生き方をしてみよ。

フリードリヒ・ニーチェ (1844-1900)

ドイツの思想家、哲学者、古典文献学者。「神は死んだ」や「超人」といった
概念が有名である。西洋のキリスト教を中心とする価値観に一石投じた。反
キリスト教姿勢は哲学者としては異端であった。晩年は心身状態が悪化し、
精神病院で過ごす。著書『ツァラトゥストラかく語りき』など。

 お手本を
なぞり書きしましょう

今この人生を、もう一度そっくり
そのままくり返してもかまわない
という生き方をしてみよ。

年　　　　月　　　　日

まずは読んでみましょう

愚痴や弱音を吐けなくなったら
人間もおしまいかな。
やる気をまったくなくしたら
そんなもん逆さにしたって出てこやしない。
いちばんいけないのは愚痴や弱音を我慢して
心に抱えておくことなんだ。
どんどん吐いて心を浄化していこうよ。

志茂田景樹

小説家、絵本作家、タレント、読み聞かせ隊長。保険調査員や週刊誌記者などをしながら執筆活動を行う。その時に書き上げた『やっとこ探偵』で小説現代新人賞を受賞。1980年プロ作家デビューを果たした。その後、『黄色い牙』で直木賞受賞。奇抜なファッションも特徴。近年は絵本の読み聞かせ活動もしている。

お手本を
なぞり書きしましょう

愚痴や弱音を吐けなくなったら
人間もおしまいかな。
やる気をまったくなくしたら
そんなもん逆さにしたって出てこやしない。
いちばんいけないのは愚痴や弱音を我慢して
心に抱えておくことなんだ。
どんどん吐いて心を浄化していこうよ。

年　　　　月　　　　日

まずは読んでみましょう

あなたがどれだけ頑張ったとしても、
上には上がいる。
でも、そこで下を見て
満足するような人間にはなるな。

作者不明

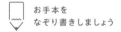 お手本を
なぞり書きしましょう

あなたがどれだけ頑張ったとしても、
上には上がいる。
でも、そこで下を見て
満足するような人間にはなるな。

年　　　月　　　日

073

#癒し #挑戦

まずは読んでみましょう

「もうイヤだ!」と思えれば、あとはよくなるだけ

斎藤茂太（しげた）（1916-2006）

精神科医、随筆家。「心の名医」として、日本精神病院協会の名誉会長を務めながら執筆や講演活動を行った。豊かな人生経験に裏打ちされた言葉で、人々に生きる希望を与えた。歌人である父、斉藤茂吉の文才を受け継ぎ、精神医学の専門書や趣味の旅行体験記などを執筆。愛称は「モタさん」。

 お手本を
なぞり書きしましょう

「もうイヤだ!」と思えれば、
あとはよくなるだけ

年　　　　月　　　　日

 follower's
voice　　　@shunzisonglin　上がる前だからドン底にいるんだな、と信じてます。今のうちに力蓄える!

まずは読んでみましょう

人に好かれたいなら
人を好きになることだ。
やさしくされたいなら
やさしくしよう。
自分を信じてほしいなら
人を信じよう。

川藤幸一

日本の野球漫画『ROOKIES』(森田まさのり著)の登場人物。二子玉川学園高校の国語教師。半年間の活動停止になった野球部の問題児たちに、もう一度、夢を見てほしいと願い、顧問を買って出る熱血教師。座右の銘は「夢にときめけ、明日にきらめけ!」

 お手本を
なぞり書きしましょう

人に好かれたいなら
人を好きになることだ。
やさしくされたいなら
やさしくしよう。
自分を信じてほしいなら
人を信じよう。

_____ 年 ____ 月 ____ 日

followear's voice　ID非公開　本当にその通りですよね。自分から心開かなきゃ相手も心を開いてくれないですよね。

075

#癒し #気づき

まずは読んでみましょう

「その一言」

その一言で 励まされ　　ほんのわずかな 一言が
その一言で 夢を持ち　　不思議に 大きな力持つ
その一言で 腹が立ち　　ほんの一寸の 一言で
その一言で がっかりし
その一言で 泣かされる

髙橋系吾 (1910-2008)

道灌山学園（東京都荒川区）グループ創設者。日本の未来のためには
幼児教育が重要だとして、東京都の2カ所に幼稚園を設立。幼稚園教諭
や保育士の養成にも尽力した。髙橋氏が遺した詩「その一言」は学園
で石碑にもなっている。

お手本を
なぞり書きしましょう

その一言で 励まされ　　ほんのわずかな 一言が

その一言で 夢を持ち　　不思議に 大きな力持つ

その一言で 腹が立ち　　ほんの一寸の 一言で

その一言で がっかりし

その一言で 泣かされる

年　　　　月　　　　日

followear's
voice

@ayumisns　はい♪言葉って本当に不思議な力を持っていますよね！
だからポジティブ♥に 心を込めて伝えたい☆

まずは読んでみましょう

小さなことにこだわって、
人にやさしくできない自分。
そんな自分に
やさしくしてくれる人がいて、
小さい自分がイヤになりました。

作者不明

お手本を
なぞり書きしましょう

小さなことにこだわって、
人にやさしくできない自分。
そんな自分に
やさしくしてくれる人がいて、
小さい自分がイヤになりました。

年　　　　月　　　　日

まずは読んでみましょう

高校の時、友達はみんな将来Googleで
働きたいって言ってた。
けど、私はそこで検索される人に
なりたいと思ってたの。

レディー・ガガ

アメリカのシンガーソングライター、音楽プロデューサー。2008年、デビューアルバム
『ザ・フェイム』をリリースすると、奇抜なコスチュームと圧倒的パフォーマンスが話
題を呼び、世界的なアーティストの座に上りつめる。代表曲は「ボーン・ディス・ウェイ」
「ポーカー・フェイス」など。全世界アルバムセールスは7000万枚突破。

お手本を
なぞり書きしましょう

高校の時、友達はみんな将来Googleで
働きたいって言ってた。
けど、私はそこで検索される人に
なりたいと思ってたの。

年　　　月　　　日

まずは読んでみましょう

どんなに忙しくても一分でいい。
寝る前だけは未来を考える。

作者不明

 お手本を
なぞり書きしましょう

どんなに忙しくても一分でいい。
寝る前だけは未来を考える。

年　　　　月　　　　日

まずは読んでみましょう

正しいことを言うときは
少しひかえめにするほうがいい
正しいことを言うときは
相手を傷つけやすいものだと
気付いているほうがいい

吉野 弘 (1926-2014)

詩人。肺結核で入院中に詩人・富岡啓二と出会い、詩にめざめた。詩誌「詩学」「櫂」で活躍し名声を集める。日常の中にある人の弱さや優しさ、温かみを平易な言葉で描く抒情詩人である。結婚披露宴で引用される「祝婚歌」や国語の教科書にも掲載された「夕焼け」などが代表作。詩画集『10ワットの太陽』など。

 お手本を
なぞり書きしましょう

正しいことを言うときは
少しひかえめにするほうがいい
正しいことを言うときは
相手を傷つけやすいものだと
気付いているほうがいい

年　　　月　　　日

080

#癒し #挑戦

まずは読んでみましょう

今一生懸命に頑張っている姿は、絶対に、
どこかで誰かが見ていてくれるんだよ。
だから、後悔しないように頑張りなさい。

作者不明

お手本を
なぞり書きしましょう

今一生懸命に頑張っている姿は、絶対に、

どこかで誰かが見ていてくれるんだよ。

だから、後悔しないように頑張りなさい。

年　　　　月　　　　日

まずは読んでみましょう

今日できると思ったことは
今日から始めなさい。
あなたのこれからの人生で、
今日が一番若いのだから。

作者不明

お手本を
なぞり書きしましょう

今日できると思ったことは
今日から始めなさい。
あなたのこれからの人生で、
今日が一番若いのだから。

年　　　月　　　日

まずは読んでみましょう

他人を幸福にするのは、
香水をふりかけるようなものだ。
ふりかけるとき、
自分にも数滴はかかる。

ユダヤの格言

お手本を
なぞり書きしましょう

他人を幸福にするのは、
香水をふりかけるようなものだ。
ふりかけるとき、
自分にも数滴はかかる。

年　　　　月　　　　日

まずは読んでみましょう

人生に後悔はつきもの。
後悔しないよう生きることは不可能。
どの選択をしても後悔をするのなら、
今、自分がそうしたいほうを
選択すればいい。

作者不明

お手本を
なぞり書きしましょう

人生に後悔はつきもの。
後悔しないよう生きることは不可能。
どの選択をしても後悔をするのなら、
今、自分がそうしたいほうを
選択すればいい。

年　　　月　　　日

084

#癒し #気づき

まずは読んでみましょう

自分で壁を作って
閉じこもっている若い人はいっぱいいる。
自由に生きていいのに、
自分で生きにくくしている、その贅沢さ。
壁なんかないのにね。

樹木希林 (1943-2018)

女優。悠木千帆の名で女優活動を始め、TVドラマ『時間ですよ』や
『寺内貫太郎一家』でお茶の間に人気者に。1977年に樹木希林に
改名。映画『東京タワー　オカンとボクと、時々、オトン』で日本アカ
デミー賞最優秀主演女優賞。夫はミュージシャンの故内田裕也。

お手本を
なぞり書きしましょう

自分で壁を作って
閉じこもっている若い人はいっぱいいる。
自由に生きていいのに、
自分で生きにくくしている、その贅沢さ。
壁なんかないのにね。

年　　　　月　　　　日

まずは読んでみましょう

「結果を出す人」は
他人と自分を比較しません。
その比較対象は、
「昨日の自分」にあります。

森本貴義
たかよし

アスレティックトレーナー。株式会社リーチ専務取締役、ACE TREATMENT LABORATORY
代表、関西医療大学客員教授。オリックス・ブルーウェーブ、シアトル・マリナーズ、WBC日本
代表のトレーナーなどを経て、プロゴルファーの宮里優作選手やシアトル・マリナーズのフェ
リックス・ヘルナンデス投手のパーソナルトレーナーも務めた。

お手本を
なぞり書きしましょう

「結果を出す人」は
他人と自分を比較しません。
その比較対象は、
「昨日の自分」にあります。

年　　　　月　　　　日

まずは読んでみましょう

今はないものについて
考えるときではない。
今あるもので、
何ができるかを考えるときである。

アーネスト・ヘミングウェイ (1899-1961)

アメリカ出身の小説家・随筆家。第1次世界大戦に赤十字の一員として参加し、負傷。第2次大戦では従軍記者となった。1952年に発表した『老人と海』でピューリッツァー賞、ノーベル文学賞を受賞。ほかの代表作に『日はまた昇る』『武器よさらば』など。1961年、精神を病み猟銃自殺で生涯を閉じる。

お手本を
なぞり書きしましょう

今はないものについて
考えるときではない。
今あるもので、
何ができるかを
考えるときである。

年　　　　月　　　　日

まずは読んでみましょう

運命が決まるのは、
あなたが決断する
瞬間なのだ。

トニー・ロビンズ

アメリカ・カルフォニア州出身の自己啓発作家、講演家、メンタルコーチ。ダイナミックで型破りなスタイルの自己啓発セミナーが有名で、世界中に熱狂的なファンがいる。1986年に刊行した『一瞬で自分を変える法』は全世界で1000万部を超える大ヒットに。現在も世界中でセミナーを行っている。

 お手本を
なぞり書きしましょう

運命が決まるのは、
あなたが決断する
瞬間なのだ。

年　　　　月　　　　日

まずは読んでみましょう

人生はクローズアップで見れば悲劇だが、ロングショットで見ればコメディだ。

チャールズ・チャップリン (1889-1977)

イギリス出身の映画監督。アメリカのハリウッドで活躍し、「20世紀を代表する喜劇王」と呼ばれる。トレードマークのちょびひげに山高帽とステッキのふん装をして、笑いと涙、風刺と哀愁に満ちた作品で評価を受ける。主な作品に「モダン・タイムス」や「独裁者」「殺人狂時代」等がある。1975年、イギリス王室からナイトの称号を受けた。

お手本を
なぞり書きしましょう

人生はクローズアップで
見れば悲劇だが、
ロングショットで見れば
コメディだ。

年　　　　月　　　　日

followear's
voice

@kyokolovely　本当ですね。長～い人生、よくよく思い出しても詳しくは覚えていない。
あれだけ四苦八苦した感情はあるのに。。(^^)

まずは読んでみましょう

努力する人は希望を語り、怠ける人は不満を語る。

井上 靖（やすし）(1907-1991)

小説家、詩人。毎日新聞社に入社したのち、多くの作品を書き上げる。1950年に『闘牛』で芥川賞を受賞すると、創作活動に専念。『天平の甍（いらか）』での芸術選奨、『おろしや国酔夢譚（こくすいむたん）』での日本文学大賞、『孔子』での野間文芸賞など多数受賞。1976年文化勲章を受章。

お手本を
なぞり書きしましょう

努力する人は希望を語り、
怠ける人は不満を語る。

年　　　月　　　日

#気づき #挑戦

まずは読んでみましょう

もう一歩。
いかなる時も自分は思う。
もう一歩。
今が一番大事なときだ。
もう一歩。

むしゃこうじ さねあつ
武者小路実篤 (1885-1976)

東京生まれ。子爵家の末子。日本の小説家、詩人、劇作家、画家。1910年、友人・志賀直哉らと文学雑誌『白樺』を創刊。1918年、宮崎県で「新しき村」のユートピア運動を実践。代表作に小説『おめでたき人』『友情』『愛と死』『真理先生』、戯曲『その妹』『ある青年の夢』などがある。1951年、文化勲章受章。名誉都民。

お手本を
なぞり書きしましょう

もう一歩。
いかなる時も自分は思う。
もう一歩。
今が一番大事なときだ。
もう一歩。

年　　　月　　　日

091

#気づき

背伸びして視野をひろげているうち、
背が伸びてしまうということもあり得る。
それが人生のおもしろさである。

城山三郎 しろやま (1927-2007)

経済小説の開拓者。一橋大学を卒業後、愛知学芸大に奉職するが、応募した小説『輸出』が「文学界」新人賞受賞、翌1959年『総会屋錦城』で第40回直木賞を受賞。1963年には大学を辞し、創作に専念する。以後、近代日本の歴史上の人物や、経済をテーマとした小説を発表。主な作品に『落日燃ゆ』『官僚たちの夏』『もう、きみには頼まない』など。

お手本を
なぞり書きしましょう

背伸びして視野を
ひろげているうち、
背が伸びてしまうということも
あり得る。
それが人生のおもしろさである。

年　　　月　　　日

 followear's voice　@summer.party7　「そうか、もう君はいないのか」の人ですね。
この言葉は、ある程度の歳になると納得の一言ですね

097

まずは読んでみましょう

何より大事なのは、人生を楽しむこと。幸せを感じること。それだけです

オードリー・ヘプバーン (1929-1993)

ベルギー出身のハリウッド女優。映画「ローマの休日」でデビューし、アカデミー賞主演女優賞を受賞。「ティファニーで朝食を」「マイ・フェア・レディ」などの名作出演した。晩年はユニセフ親善大使として世界を回り、恵まれない人々、難民らの支援に尽力。1992年にアメリカの大統領自由勲章を受章。

 お手本をなぞり書きしましょう

何より大事なのは、
人生を楽しむこと。
幸せを感じること。
それだけです

年　　　月　　　日

まずは読んでみましょう

カキクケコの精神

「カ」は感謝することに照れない。

「キ」は緊張感を楽しむ。

「ク」はくつろぐ。

「ケ」は決断力。

「コ」は好奇心を持ち続けること。

塩月弥栄子 (1918-2015)

裏千家14代家元千宗室の長女として京都に生まれる。御曹司と結婚し何不自由ない生活をしていたが、4人の子どもを残して家出。上京し、のちに2歳年下の医師と再婚するなど、波乱の人生を生きた。茶道の礼儀作法を背景にマスコミなどで活躍し、代表作「冠婚葬祭入門」は、300万部を超えるベストセラーに。茶名は宗芯。茶道裏千家的伝名誉教授。

お手本を
なぞり書きしましょう

カキクケコの精神

「カ」は感謝することに照れない。

「キ」は緊張感を楽しむ。

「ク」はくつろぐ。

「ケ」は決断力。

「コ」は好奇心を持ち続けること。

年　　　月　　　日

まずは読んでみましょう

自分の考えたとおりに
生きなければならない。
そうでないと、
自分が生きたとおりに
考えてしまう。

ポール・ブールジェ（1852-1935）

フランス出身の作家。詩人としてデビューしたのち、批評家として頭角を現す。その後、時代の風俗や、社交界における男女関係の心理を描く小説で評価を固めた。作品に評論『現代心理論叢集』、小説『弟子』など。1885年から1935年の間に、フランスのレジオンドヌール勲章を5回授与された。ノーベル文学賞にも5回ノミネートされている。

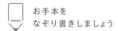
お手本を
なぞり書きしましょう

自分の考えたとおりに
生きなければならない。
そうでないと、
自分が生きたとおりに
考えてしまう。

年　　　月　　　日

\#気づき \#挑戦

まずは読んでみましょう

夢をかなえることのできる人間は、
必ず一種狂気に近いものを持っている。
叩いても叩いても息をふきかえして
崖から這い上がってくる、
ホラー映画の怪物のような執念。
それが必要なのだ。

中島らも（1952-2004）

兵庫県生まれ。名門灘中高を卒業後、大阪芸術大学放送学科入学。1984年から10年間「朝日新聞」で連載された「明るい悩み相談室」で注目される。小説・エッセイ・脚本はもとより、講演・ライブ活動と活動は多岐にわたった。1992年『今夜、すべてのバーで』で第13回吉川英治文学新人賞、1994年『ガダラの豚』で第47回日本推理作家協会賞長編賞を受賞。

お手本を
なぞり書きしましょう

夢をかなえることのできる人間は、
必ず一種狂気に近いものを持っている。
叩いても叩いても息をふきかえして
崖から這い上がってくる、
ホラー映画の怪物のような執念。
それが必要なのだ。

年　　　月　　　日

followear's voice　　@bearslair99　そういう人いますね。そんな人になりたいな。

096

#気づき #癒し

まずは読んでみましょう

「できること」が増えるより、
「楽しめること」が増えるのが
いい人生。

斎藤茂太（しげた）（1916-2006）

精神科医、随筆家。「心の名医」として、日本精神病院協会の名誉会長を務
めながら執筆や講演活動を行った。豊かな人生経験に裏打ちされた言葉で、
人々に生きる希望を与えた。歌人である父、斉藤茂吉の文才を受け継ぎ、精
神医学の専門書や趣味の旅行体験記などを執筆。愛称は「モタさん」。

お手本を
なぞり書きしましょう

「できること」が増えるより、
「楽しめること」が増えるのが
いい人生。

年　　　月　　　日

followear's
voice

@kuniko_m.m　これは本当そう思います♪これからの生き方のテーマです〜☆(^^)

097

#気づき

まずは読んでみましょう

言っていることではなく、やっていることがその人の正体なのだ

斉藤 徹

日本IBMを経て、2005年にループス・コミュニケーションズを創業。ソーシャルシフト提唱者として、知識社会における組織改革を企業に提言する。2020年からはビジネス・ブレークスルー大学教授就任。2018年には社会人向けオンラインスクール「hintゼミ」を開講。著書に『再起動 リブート』『ソーシャルシフト』などがある。

 お手本をなぞり書きしましょう

言っていることではなく、
やっていることが
その人の正体なのだ

年　　　　月　　　　日

followear's voice　　　@shoshosho0419　　私が常に念頭に置く言葉。本音と建前で生きる人は多い

103

まずは読んでみましょう

楽観的でありなさい。
過去を悔やむのではなく、
未来を不安視するのでもなく
いま現在だけを見なさい。

アルフレッド・アドラー (1870-1937)

オーストリアの精神科医。ユング、フロイトと並ぶ精神医学・心理学界の大家。46歳の
とき、第1次世界大戦に召集され、心を病んだ兵士らの治療に携わったことが「アド
ラー心理学」の基礎となった。「人間は、自分の行動を自分で決められる」「人間の生
き方には、その人特有のスタイルがある」と提唱し、自己啓発の源流と言われる。

お手本を
なぞり書きしましょう

楽観的でありなさい。
過去を悔やむのではなく、
未来を不安視するのでもなく
いま現在だけを見なさい。

年　　　月　　　日

まずは読んでみましょう

友人とはあなたについて すべてのことを知っていて、 それにもかかわらずあなたを 好んでいる人のことである。

エルバード・ハーバード (1856 -1915)

アメリカの思想家、作家、出版家。1895年にニューヨーク州イースト・オーロラに、職人や芸術家たちの住むコロニーを作る。同時に出版社「ロイクロフターズ」を設立。雑誌『ペリシテ人』や『時代』を創刊。教育者、講演家としても活躍するが、乗船していたイギリス客船が、ドイツ軍の無差別攻撃にあい、航海中に没する。著書『ガルシアへの手紙』は当時のベストセラーとなる。

 お手本を
なぞり書きしましょう

友人とはあなたについて
すべてのことを知っていて、
それにもかかわらずあなたを
好んでいる人のことである。

年　　　　月　　　　日

 **followear's
voice** @ayumisns　そういう人いたらいいですね！人生が楽しくなるの間違いないです！素敵！♡(^^)☆

まずは読んでみましょう

入学どころか、
おそらく中学の卒業式もちゃんとできなくて、
（今の高校生の）高校生活っていうのは、
僕たち大人が過ごしてきた
高校生活とはまったく違うんですね。
青春って、すごく密なので。
でもそういうことは全部「ダメだダメだ」と言われて。
活動はしていてもどこかでストップがかかって、
どこかでいつも止まってしまうような苦しい中で、
でも本当に諦めないでやってくれたこと。
（中略）
目標になるチームがあったから、
どんな時でも諦めないで、
暗い中でも走っていけたので、
本当に、すべての高校生の努力の賜物が、
ただただ最後僕たちがここに立ったというだけなので。
ぜひ全国の高校生に
拍手してもらえたらなと思います。

須江 航
わたる

2022年夏の全国高等学校野球選手権大会で仙台育英学園高等学校硬式野球
部を優勝に導いた。情報科教諭。入学当初からコロナ禍に翻弄されてきた3年生
に「どんな言葉をかけたいか」と聞かれて話したこの言葉は多くの人に感動を与
え、一躍話題に。「青春って密」は2022年、新語・流行語大賞の特別賞を受賞。

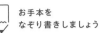 お手本を
なぞり書きしましょう

入学どころか、

おそらく中学の卒業式もちゃんとできなくて、

（今の高校生の）高校生活っていうのは、

僕たち大人が過ごしてきた

高校生活とはまったく違うんですね。

青春って、すごく密なので。

でもそういうことは全部「ダメだダメだ」と言われて。

活動はしていてもどこかでストップがかかって、

どこかでいつも止まってしまうような苦しい中で、

でも本当に諦めないでやってくれたこと。

目標になるチームがあったから、

どんな時でも諦めないで、

暗い中でも走っていけたので、

本当に、すべての高校生の努力の賜物が、

ただただ最後僕たちがここに立ったというだけなので。

ぜひ全国の高校生に

拍手してもらえたらなと思います。

年　　　　月　　　　日

\ この本づくりに関わってくれた /
みんなの心に響いた名言集

この本づくりに関わってくれたスタッフの心の礎となる名言を集めてみました。
選んだ言葉から、それぞれの人生の背景や人柄も表れますね。
ちょっと恥ずかしい気持ちも抱えつつ、こっそりと公開します。

人生が行き詰るのではない
自分の思いが行き詰るのである

安田理深
(浄土真宗大谷派の僧侶で仏教学者)

○ 編集者 木奥元香
新人の頃、散歩時にお寺の掲示板にあった言葉。ちょうどその時の自分にピタリとはまり、「確かに、私は人生には行き詰まってないぞ!」と心が晴れ晴れしたのを思い出します。今でも困った時にいつも背中を押してくれる言葉です。

おもしろき
こともなき世を
おもしろく
すみなしものは
心なりけり

高杉晋作
(幕末長州藩の尊王攘夷志士として活躍)

○ everyday. meigen
「心のありようで世界は面白くもなるしつまらなくもなる」という意味ですが、まさに人生の本質を表しているように思えます。毎日が退屈だと感じたら、僕はこの言葉を思い出すようにしています。すると、ふつふつとやる気が湧いてきて、今までやったことがないようなことに挑戦したくなるのです。

あきらめたら そこで試合終了ですよ…?

安西光義
(漫画『SLAM DUNK』の登場人物。バスケットボール部監督)

○ ナカムラグラフ代表 中村圭介
僕らの世代で読んだことがない人はいないであろう『SLAM DUNK』の名将、安西先生のお言葉。週刊少年ジャンプが発売される月曜日の朝を心待ちにする男子学生(僕含む)の心に、この言葉は100%突き刺さったハズである。

長い人生の中では一度や二度、
おかしな人におかしなことをされるってことがある。
そんなときでもしゃんと背筋を伸ばして、
堂々と前を向いていなさい。

瀬戸内寂聴
(作家で僧侶)

東京新聞出版・
エンタテインメント
事業部長
岩岡千景

他人から不条理な目に遭わされ、
苦しい胸の内を打ち明けた時に
かけてもらった言葉。以来不条理
に直面するたび、この言葉を思い
出し心を持ち直している。

go easy
step lightly
stay free

(訳)
気楽にやろうぜ
軽くステップしてさ
自由にな

ミック・ジョーンズ
(The Clash のヴォーカル&ギタリスト)

イラストレーター
坂内拓

イギリス出身のバンド、The
Clashの曲「Stay Free」の一節。
go easyは「気楽にやろうぜ」の
意で、日常や仕事で行き詰ったと
きに聴くと「そうだよな」と踏ん
張れる言葉です。

毎日やっている習慣を、
他人はその人の人格として
認めてくれる。

斉須政雄
(日本のフレンチレストラン最高峰 「コート・ドール」 オーナーシェフ)

ナカムラグラフ
デザイナー
樋口万里

仕事と家事と育児の並立で、つい
細かいことがおざなりになってし
まう時、ハッと思い出されます。な
りたい自分になれるように、日々
の一つ一つを大事にしようと鼓
舞してくれる言葉です。

あせらず
ひとつ、ひとつ
1人で抱えない。

会社の先輩

ナカムラグラフ
デザイナー
鈴木茉弓

私が仕事でてんやわんやしてい
た時に先輩がくれた言葉です。1
人でやろうとしがちな性格なの
で冷静になることができます。

（出典・資料・引用元）

001 『死ぬ時に後悔しないために今日から大切にしたいこと』中下大樹 著（すばる舎）
002 巨椋修のブログ https://ogura-osamu.hatenablog.com/entry/2019/04/09/140039
004 『絶対に成功する！起業法』兼田武剛 著（PHP研究所）
006 『一番わかりやすい はじめてのインド占星術』村上幹智雄 著（日本文芸社）
007 『ふりまわされない。 小池一夫の心をラクにする300の言葉』小池一夫 著（ポプラ社）
008 『世界一愚かなお金持ち、日本人』マダム・ホー 著（ディスカヴァー・トゥエンティワン）
009 『大人も気づいていない48の大切なこと』Testosterone 著（学研プラス）
010 『死ぬ瞬間の5つの後悔』ブロニー・ウェア 著 二木めぐみ 訳（新潮社）
011 『それでもなお生きる』佐々木常夫 著（河出書房新社）
012 『習慣化は自己肯定感が10割』中島 輝 著（学研プラス）
013 ヤポンスキーこばやし画伯オフィシャルブログ「ヤポンスキーこばやし画伯のお絵描き日記」https://ameblo.jp/yaponski/
014 『必ず感動する言葉が見つかる座右の銘2000』幸運社 編（KADOKAWA）
015 『心に「ガツン」と刺さる！ホンネの金言1240』西東社編集部 編（西東社）
018 ＠yumekanau2 https://www.instagram.com/yumekanau2/
019 『自分のせいだと思わない。小池一夫の人間関係に執着しない233の言葉』小池一夫 著（ポプラ社）
023 『ふりまわされない。 小池一夫の心をラクにする300の言葉』小池一夫 著（ポプラ社）
028 『ANGEL VOICE』古谷野孝雄 著（秋田書店）
031 会員誌「SIGNATURE」2018年6月号（三井住友トラストクラブ）
033 『書くだけで夢がかなう魔法の手帖術』佐藤富雄 著（宝島社）
035 『平林都の接遇道』平林 都 著（大和書房）
036 『斎藤一人 人生が全部うまくいく話』斎藤一人 著（三笠書房）
037 『心に刺さる！運命の言葉 偉人たちの名言集 日本の偉人編』浜本哲治 著（ゴマブックス）
040 志茂田景樹 Twitter https://twitter.com/kagekineko/status/224314432984064001?lang=cs
041 『ものの見方が変わる 座右の寓話』戸田智弘 著（ディスカヴァー・トゥエンティワン）
042 『毎日がポジティブになる！元気が出る言葉366日』西東社編集部 編（西東社）
044 『日本のみなさんにお伝えしたい48のWhy』厚切りジェイソン 著（ぴあ）
045 「PRESIDENT Online」https://president.jp/articles/-/11708?page=2（プレジデント社）
046 『ちびギャラ』ボンボヤージュ 著（ゴマブックス）
047 『斎藤一人 幸せの名言集』斎藤一人 著（三笠書房）
048 『増補改訂版 仕事ができる人の心得』小山 昇 著（CCCメディアハウス）
051 『人生は成功するようにできている』中谷彰宏 著（PHP研究所）
053 『必ず出会える！人生を変える言葉2000』西東社編集部 編（西東社）
055 『野村の流儀 人生の教えとなる257の言葉』野村克也 著（ぴあ）
056 『竜馬がゆく』司馬遼太郎 著（文藝春秋）
057 『頭のいい人、悪い人の思考法』藤沢晃治 著（三笠書房）
058 『人生の励みになるアスリートたちの言葉 勝言』アスリート勝言研究会 著（笠倉出版社）
059 『人は聞き方が9割』永松茂久 著（すばる舎）
064 『25歳の補習授業 学校で教わらなかった これからいちばん大切なこと』池上 彰・糸井重里・太田 光・姜尚 中・福岡伸一・養老孟司・渡邊美樹（小学館）
065 『[愛蔵版] 松下幸之助一日一座』PHP総合研究所 編（PHP研究所）
066 ＠美苑 https://www.instagram.com/p/BYWtuIfhnR7/?hl=ja
068 「月刊女性情報」1996年10月号（パド・ウイメンズ・オフィス）
069 ヤポンスキーこばやし画伯オフィシャルブログ「ヤポンスキーこばやし画伯のお絵描き日記」https://ameblo.jp/yaponski/
071 志茂田景樹 Twitter https://twitter.com/kagekineko/status/102212448504913920?ref_src=twsrc%5Etfw
073 『会社、仕事、人間関係が「もうイヤだ！」と思ったとき読む本』斎藤茂太 著（あさ出版）
074 『ROOKIES』2巻 森田まさのり 著（集英社）
075 道灌山学園 学校の精神より
077 『人生はもっとニャンとかなる！−明日にもっと幸福をまねく68の方法』水野敬也・長沼直樹 著（文響社）
079 『二人が睦まじくいるためには』吉野 弘 著（童話屋）
082 『インフラ系チートシート集』小林隆宏 著（インプレスR&D）
084 『樹木希林120の遺言 ～死ぬときぐらい好きにさせてよ』樹木希林 著（宝島社）
085 『一流の思考法 WBCトレーナーが教える「自分力」の磨き方』森本貴義 著（SBクリエイティブ）
087 『心に「ガツン」と刺さる！ホンネの金言1240』西東社編集部 編（西東社）
089 『近江を愛した先人たちの言葉 人生の四季と向き合うヒント』渕上清二 著（サンライズ出版）
090 『お坊さんが書いた人生、どっしりとかまえる本』浅田宗一郎 著（PHP研究所）
091 『アメリカ生きがいの旅』城山三郎 著（文藝春秋）
092 『オードリー・ヘプバーンという生き方』清藤秀人 監修（宝島社）
093 『元気手帳7 感謝編』（TKC出版）
095 『人体模型の夜』中島らも 著（集英社）
096 『落ち込んだときに勇気がでる49の言葉』本多 健 著（PHP研究所）
097 『だから僕たちは、組織を変えていける やる気に満ちた「やさしいチーム」のつくりかた』斉藤 徹 著（クロスメディア・パブリッシング）
100 2022年夏の全国高等学校野球選手権大会の決勝戦後の監督インタビュー

※作者不明の名言は、最初の発言者を可能な限り調べましたが、確実な情報を得ることができませんでした。
　　もし、ご存知な方がいらっしゃれば、ぜひ編集部へご連絡をお願いします。増刷時に改訂させていただきます。
　　また、誰かの名言を別の方が少し言葉を変えて発することで、後者が有名になってしまうこともあります。
　　今回掲載した中にも、最初の発言者とは異なる方の名言となっているものがあるかもしれません。
　　こちらも情報がありましたらお知らせください。
※本書の名言は、調べがつく限り原文に即した表現を採用していますので、
　　「everyday.meigen」のインスタグラムで掲載した言葉とは多少異なるケースもあります。
※「everyday.meigen」のフォロワーの方々からのコメントは、絵文字以外はほぼ原文のまま掲載しています。

あとがきにかえて…

様々な方の名言や言葉の中から、
僕が気に入ったものを日々投稿している「everyday.meigen」。
本書はこれまでの投稿の中から人気の高いものを100選び、
その名言に対するフォロワーさんからのコメントも加えて一冊にまとめました。
いわばみんなで作った名言集といえるでしょう。
この場をお借りしてお礼申し上げます。
今回、本の発売についてお知らせしたところ、こんな嬉しいコメントが届きました。
「@ nana__3911
おめでとうございます。数ある名言集アカウントの中でも、
心にスッと優しく入ってくるのは主様だけでした(^^)
ストーリーも拝見してフォロワーの皆さんも沢山の言葉をご存知なのだなぁと
刺激も受けておりましたので、そちらも本になるとは有り難いです。」
フォロワーさんのこのようなコメントにすごく励まされましたし、
今日まで続けてきてよかったと心から思えました。

最後に、本書の企画・編集を担当していただいた木奥さんに心から感謝いたします。
実は自分でもいつか名言集を出してみたいと考えてはいたのですが、
なかなかその一歩を踏み出せずにいました。
そんな時に木奥さんから今回のようなお話をいただき、
名言となぞり書きについて熱く語る姿に勇気づけられ、
この人となら一緒に本を出してみたいと思えました。
目の前の活動に夢中になって楽しんでいる人と一緒に何かをするというのは、
すごく楽しいです。
僕自身も、これから訪れるであろう様々な出来事に夢中になって、
ワクワクして、一緒に仕事をするのが楽しいと思えるような、
そんな存在になりたいと願っています。

最後までお読みいただき本当にありがとうございました。

@everyday.meigen

everyday.
エブリデイ
meigen
名言

ベスト100　なぞり書き帖

2023年2月28日　第1刷発行

著　者　@everyday.meigen
発行者　岩岡千景
発行所　東京新聞
〒100-8505　東京都千代田区内幸町2-1-4
中日新聞東京本社
電話 [編集] 03-6910-2521
　　　[営業] 03-6910-2527
FAX　03-3595-4831
印刷・製本　株式会社シナノ パブリッシング プレス
ISBN978-4-8083-1080-6　C0095

カバーイラスト	坂内 拓
アートディレクション	中村圭介（ナカムラグラフ）
デザイナー	鈴木茉弓、樋口万里（ナカムラグラフ）
企画・編集	木奥元香
編集アシスタント	木村彩香
DTP	鎌田志津子